Kurt Scharf

30 Tiere

Bibliografische Information der Deutschen Nationalbibliothek:
Die Deutsche Nationalbibliothek verzeichnet diese Publikation
in der Deutschen Nationalbibliografie; detaillierte bibliografische
Daten sind im Internet unter www.bnd.de abrufbar.

Herstellung und Verlag:
BoD – Books on Demand, Norderstedt
ISBN: 9783751914482

Es sei ausdrücklich versichert und darauf hingewiesen, dass diese Gedichte ohne den Beistand von ChatGPT geschrieben wurden.

Der Telefant
wird so benannt,
weil er, statt mit andern
zu wandern
und fröhlich zu sein,
allein
von früh bis spät
vorm Fernsehgerät
knabbernd sitzt
und niemals schwitzt.

Der Chopinguin
sitzt genuin
noch nachts um vier
am Klavier
und spielt
gezielt
Kantaten
und Sonaten,
seltner (ist zu lesen)
spielt er Polonaisen.

Das Ananashorn

hat oben vorn

zur Tarnung

und Warnung

die Frucht aufgespießt

und genießt

ernsthaft

den Saft,

den gelben,

derselben.

Der Schering schwimmt;

was er sich nimmt,

dank der Schnitte seiner queren

Scheren,

dringt nicht

ans Licht,

verschwindet gleich und auch

in seinem Bauch;

niemals, nicht mal jetzt,

hat er sich selbst verletzt.

Es hält der Ampelikan
an jeder Ampel an;
sobald sie Grün ihm zeigt,
steigt
er in die Eisen,
um allen zu beweisen,
er habe keine Eile;
nach einer langen Weile
startet er bei Rot
und fühlt sich unbedroht.

Die Krähwinkelspinne macht,
dass jeder sie verlacht,
nur dumme Dinge;
sie trägt Ringe,
bunte Socken,
damit zu locken
ihre Beute
hier und heute;
der Fang will nicht gelingen;
wird sie demnächst gar singen?

Die Chiantilope läuft
zum Wirt und säuft
mehr als genug
aus dem Krug;
sie lässt sich noch verleiten
zu einem zweiten,
schwankt herab die Treppe;
und, wieder in der Steppe,
greift sie dann
einen Löwen an.

Das Ringfingertier
steht morgens um vier
am Spiegel im Bad
und sieht sich satt
am Schmuck, den es trägt
und polierend pflegt
in den übrigen Stunden,
dem Tag zu bekunden
das schönere Sein
mit Edelgestein.

Das Flachschwein ist anatomisch
sehr komisch;
betrachtet von oben,
scheint es verwoben
mit allem was um
es herum;
das seltsame Tier
in seinem Revier
seitlich zu sehen,
wird niemals geschehen.

Es weiß die Diameise
auf ihre Weise
ganz genau
Bescheid im Bau;
sie fertigt Fotos an,
die später sie besehen kann;
so kennt sie alle Lücken
und kann sich gut verdrücken,
wenn, was sie bedauert,
Arbeit lauert.

Der tanzende Polkater
ist, wie schon sein Vater,
auf allen Bühnen präsent
und kennt
die Schwünge und Schleifen
beim Umdiehüftegreifen;
zuhause jedoch
fällt er noch
oft über seine
eigenen Beine.

Die Tangente nistet
nur befristet
am Rande
vom Strande
und manchmal, in Maßen,
an Straßen,
in wenig erhellten,
mit Bäumen bestellten,
Landesteilen
zuweilen.

Der Verbuchfink, keine Frage,
sitzt die lieben langen Tage
im Büro und schreibt;
er treibt
die Zahlen und die Posten
ins Heft, weiß um die Kosten
von Baum und auch
Strauch;
so eine flinke Feder
hat nicht jeder.

Das Abflusspferd
lebt unversehrt,
erleidet keine Brüche,
in der Küche,
hat eine gute Bindung
zu der Windung
von dem Rohr
und was sich drin verlor;
wenn wer es hören will,
der verhalte sich jetzt still.

Der Schmeichelhäher, statt zu warnen,

will alle nun umgarnen

mit Sanftgesang,

bislang

ist ihm das nicht gelungen

und hat er nicht bezwungen

mit leisem Lied die Leute

heute;

morgen erreicht

er sein Ziel, vielleicht.

Heute hat der Balkondor
nichts, rein gar nichts vor;
er liegt im Sonnenschein
allein
auf einer Matte;
seine Frau, die hatte
schon vor Tagen
einen Ausflug vorgeschlagen;
er willigte nicht ein;
sie sind nicht mehr zu zwein.

Der Nadelfin
hat einen Spleen,
räubert von Fremden
Jacken und Hemden,
bessert zuhaus
die Sachen aus,
näht Knöpfe neu an
und bringt sodann
die Kleidung den Ahnungslosen
zurück; er ändert auch Hosen.

Der Ahornhai, in aller Regel,

ist bekannt als wahrer Flegel;

er schuppert sich an Bäumen,

die grad träumen,

und reißt

sie dreist

aus sanftem Sinnen,

um Sirup zu gewinnen

bevor es tagt;

dass das gelänge, hat man ihm gesagt.

Der Spottwal neckt im Meer
die andern Wale allzusehr,
er reißt Witze
über Atemschlitze,
verbreitet Zoten
betreffs Robbenpfoten,
hält seine Lästerzunge
voll im Schwunge;
doch trinkt er Algenwein,
fällt ihm kein Scherz mehr ein.

Die Schwachtel

schafft meist nur ein Achtel

von dem was am Tag

wartend vor ihr lag,

und im Mittel

ein weiteres Drittel

des Restes,

sie gibt schon ihr Bestes

und hadert nicht

mit Erfüllung und Pflicht.

Die Keintagsfliege nimmt sich Zeit,
ist stets zu einem Plausch bereit
und singt sogar am Gartentor
dem Nachbarn etwas vor;
sie malt Gemälde in großem Rahmen,
verfasst Romane, lange Dramen
(ein Gedicht
leider nicht);
sie trägt, als ihre Eigenart,
gern einen Dreitagebart.

Der Rokokolibri wird,
wenn er da schwirrt,
sehr beneidet,
weil er sich ungewöhnlich kleidet
ganz im Stil vergangener Epochen,
deren Mode er entsprochen;
doch durch das Tragen solcher Kleider
kommt er leider
schlecht an
die Blüten heran.

Die Alhambrasse lebt schon lange,
nebst einer grün gestreiften Schlange,
im Saal der weniger bekannten
Gesandten,
schwer zu entdecken,
in einem Becken,
leicht verdreckt,
versteckt;
wer sie aber findet,
der verschwindet.

Der Najaguar bleibt,
wohin es ihn auch treibt,
unentschieden;
so hat er seinen Frieden,
er ging noch nie ins Wahl-
lokal,
verspürte immer Unbehagen
beim Jagen,
ernährt sich deshalb jetzt
vegan bis zuletzt.

Wem das Leguanako erscheint,

der meint

zwei Tiere zu sehen,

die miteinander spazieren gehen;

es hat jedenfalls

kurze Beine, langen Hals,

Schuppenkamm und dichtes Fell;

es mag Insekten und eventuell

auch Pflanzen;

selten sieht man es tanzen.

Der Dinarwal kann
(und tut es ab und an)
Münzen fangen
und auf seinem langen
Horn,
das vorn
ihm sprießt,
balancieren; er genießt
für eine gewisse Dauer
den Beifall der Zuschauer.

Der Schweigepard
spart
Worte statt Taten;
man muss raten,
darf nicht fragen,
was er sagen
wollte; sonderbar, er spricht
auch nicht
mit seiner Frau;
daraus wird niemand schlau.

Der Dekormoran umgibt
mit dem, was ihm beliebt,
sich gern
unfern
den andern, die nichts schmückt;
was ihn entzückt,
lässt jene kalt,
deren Gestalt
nur in Schwarz gewandet
lebt und fliegt und landet.

Die Umwegschnecke
legt manche Strecke
mehrmals zurück;
hundert Meter am Stück
waren für sie
noch nie
ein Problem,
nur jetzt wie ehedem
bestimmte Entenarten,
die auf sie warten.

Das dreißigste Tier
fehlt leider hier;
es wurde noch niemals gesichtet,
niemand hat es bedichtet;
im Universum
und drumherum
gibt's keine Spur
von ihm; und nur
in unbekannten Räumen
erscheint es in Träumen.

Erwähnte Tiere:

Telefant
Chopinguin
Ananashorn
Schering
Ampelikan
Krähwinkelspinne
Chiantilope
Ringfingertier
Flachschwein
Diameise
Polkater
Tangente
Verbuchfink
Abflusspferd
Schmeichelhäher

Balkondor

Nadelfin

Ahornhai

Spottwal

Schwachtel

Keintagsfliege

Rokokolibri

Alhambrasse

Najaguar

Leguanako

Dinarwal

Schweigepard

Dekormoran

Umwegschnecke

Das dreißigste Tier

Entdeckt und beschrieben: im März 2023.